AF244284

Guiomar Cuesta Escobar

Al ritmo de los manglares en tiempo de jazz

Al ritmo de los manglares en tiempo de jazz
Guiomar Cuesta Escobar

Primera Edición, 2019
© Hispanic Heritage Literature Organization/Mi Libro Hispano

ISBN: 9781796924701

Snow Fountain Press
25 SE 2nd. Avenue, Suite 316
Miami, FL 33131
www.snowfountainpress.com

Diseño y diagramación del libro:
Leonardo Guerrero Zárate

Impreso en Estados Unidos de América.

Contenido

Cítara africana

Mensaje cifrado de la lluvia

Alfabeto de pájaros

Semilla boreal

Concierto del Océano

Manantial en éxtasis

Acta del 2° Certamen Internacional de Poesía Luis Alberto Ambroggio. Edición, 2018

Miami, FL. 9 de octubre de 2018. Hispanic Heritage Literature Organization/Milibrohispano.org se complace en anunciar los nombres de los ganadores de la segunda edición del certamen de poesía dedicado al ilustre poeta argentino, Luis Alberto Ambroggio. Después de una última ronda de evaluación, el cuerpo del jurado dictaminó que la obra ganadora de esta edición es *Al ritmo de los manglares en tiempo de jazz*, de la poeta colombiana Guiomar Cuesta Escobar. El jurado otorgó Primera Mención *Ideogramas* del poeta ecuatoriano: Roberto Altamirano. La segunda Mención fue otorgada a *Petricor* del poeta colombiano Jorge Eliécer Ordóñez y la tercera Mención a *Aquí también se muere sin la muerte*, de la poeta cubana Odalys Interián. Sin duda, se trata de excelentes obras de reconocidos poetas a quienes felicitamos por su gran trabajo. Hispanic Heritage Literature Organization/Milibrohispano.org felicita a los ganadores y agradece a los poetas participantes por su apoyo a esta convocatoria. Asimismo, agradece a la honorable comisión de jurados: Ana Cecilia Blum, Janiel Humberto Pemberty y Luis Carlos Fallon, quienes tuvieron a su cargo la difícil tarea de evaluar las obras recibidas y hacer la selección. Conforme a las bases del concurso, la obra ganadora será publicada por Snow Fountain Press y se otorgará el premio correspondiente. Hispanic Heritage Literature Organization/Milibrohispano.org invita desde ya a la comunidad de poetas para que preparen sus trabajos para la próxima convocatoria.

Pilar Velez

Presidenta

Cítara africana

Al ritmo de los manglares en tiempo de jazz

La tarde parecía desprendida
del primer movimiento
de una suite
ensamble para Jazz

Ritmo que enloquece
la raíz de los manglares

El Nautilus
me deja escuchar su marimba
y la atrapo en mis oídos

Es una buena señal
para descifrar aquellos acordes
antes que desaparezcan
los corales de este Planeta azul

Y de pronto
un bugalú y un calipso
me devuelven
a mi origen

Me hundo
en las regiones abisales
y la intensidad
de esta fuente sonora
me remonta a la trompeta
de la Sonora Matancera

Salgo de nuevo
y escucho un solo de batería
notas desconocidas
en la escala de mi caracola

Es hora de impresionar
a Marte y a Venus
nuestros luceros vespertinos

Llega el Nautilus
con su vertiginoso giro
batería y bajo dialogan

Entonces eleva su voz
y alcanza los acordes
de un flamenco-jazz

Ritmo que enloquece
la raíz de los manglares

Canta mi espiral
gozamos una y otra vez
de África y de sus tambores

Me atrapan
la cumbia y el vallenato
además del currulao

La tarde parecía
desprendida
de un contrapunto especial

Siento en la atmósfera
cómo se le acelera el pulso
a los manglares
al ritmo de la lira y el bongó
en este Tiempo de Jazz

Los manglares son un tipo de ecosistemas costeros y húmedos muy representativo de zonas tropicales y subtropicales, sobre todo de regiones pantanosas e inundadas. Son ecosistemas muy ricos en cuanto a biodiversidad, que surgen del estrecho contacto entre el ambiente terrestre y el marítimo, es decir, mares y ríos.

Página Web: Ecología Verde

To the rhythm of mangroves jazz time

The afternoon appears detached
at this first movement
of a suite´s
musical assembly
just for Jazz

In a rhythm that goes mad
right to the root of the mangroves

The Nautilus
let's me hear the marimba
and catch it in my ears

To decipher their chords
is a good token
before the corals of this blue Planet
entirely banish

And suddenly
a bugalú and a calypso
get me back
to my origin

While I submerge
in the abyssal regions
and the intensity
from this sound source
that soars me back
to the trumpet
of the *Sonora Matancera*

And I go out again
and listen to a drum solo
in unknown notes
on the scale of my conch

It's time now to impress
Mars and Venus
our evening stars

The Nautilus arrives
with its vertiginous turn
in a dialogue of drums and bass

Then it raises its voice
to reach the chords
of a flamenco-jazz

With this rhythm that gets mad
to the root of the mangroves

My spiral sings
for us to enjoy again and again
Africa and its drums

While I get caught
in the cumbia the vallenato
and the currulao
before they catch me

The afternoon appears
detached
at a special counterpoint

I feel in the atmosphere
how my pulse speeds up
to the mangroves
and to the rhythm of the lyre
and the bongo
in this Jazz Time

Mangroves are a type of coastal and wet ecosystems very representative of tropical and subtropical zones, especially swampy and flooded regions. They are very rich ecosystems in terms of biodiversity, which arise from the close contact between the terrestrial and maritime environment, that is, seas and rivers.

Website: Green Ecology

Primer crepúsculo

Una antiquísima memoria
desprendida del corazón del África
se le antoja invadirnos
este final de mayo

Apremiante es el legado
sinfonía de tambores
cuando cruza el umbral
de América del Sur

Morada de ríos y de océanos
derroche de gotas de luz
que nos remontan
a esa fracción de segundo
donde se hizo realidad
la Palabra

El vaho del Creador
recorrió la Amazonía
y pudo embriagarse
de la indecible belleza
del primer crepúsculo

En el esplendor de aquella
partícula divina
el atardecer se bebió
todo el vino tinto
de la mejor reserva

Explosivo despliegue
del nuevo Planeta

Ruta de los viñedos

Y me niego categóricamente
a dejar de hablar
mi lengua, mi acento y mi historia.

Shirley Campbell

Si lo que buscan
es amordazar mi lengua
y rasgar mi piel

Y me exigen que certifique
mis ancestros africanos

Les dejo bajo su lupa
este pelo apretado
en sus raíces

Fuego que se desboca
por mi sangre

Conmoción de tambores
que desciende por mis caderas
y se hace mapalé
currulao o bámbara

Y cuando invoco
a Yamayá (1)
quedan al descubierto
las palabras que me confió
cuando desperté a la vida:

No más esclavitud
-no más indignación-
es el momento de sobrepasar
los viejos moldes

Es hora de cantar
y de emprender
la Ruta del Sol interior
la única que nos conduce
a la mítica Comarca
del Arco Iris

(1) Yemayá: Es la Orisha femenina, Yemanyá o Yemayá o del panteón yoruba originario de Nigeria y trasladado al continente americano en el período del tráfico de esclavos, junto con el resto de sus religiones y costumbres. Su nombre tiene su origen en los términos del idioma Yoruba: Yèyé omo eá, que significa: Madre cuyos hijos son como peces. Yemayá es la patrona de los pescadores. Es ella quien decide el destino de todos aquellos que entran en el mar. Es la deidad de las aguas saladas… Es la Orisha (hija divina o manifestación directa del Dios Olorun) de la maternidad.

Página Web: DefiestaenAmérica.Com Yemayá

Macondo

*Cada abril el macondo se quita su ropa
de hojas verdes, para vestirse enteramente
de flores doradas. Produce entonces flores
y frutos muy visibles: Los frutos son enormes,
con cinco alas, entre rosados y cafés, capaces de volar.*

Wikipedia

Ha llegado abril
con su aroma de azahares
y una atmósfera violeta
alterna con los arreboles
del amanecer

Mi árbol
-el Macondo-
se desnuda muy temprano
arranca de sí el viejo ropaje
ha llegado la estación
de las flores doradas

Sus frutos de cinco alas
me preguntan por Shangó
el Orisha (1)
que les regala su danza
y limpia su corteza
cada mañana

Vuelan sus semillas
entre los árboles del bosque
a los lugares más remotos
del alba

En mi Macondo
de tronco poroso
escriben las aves sus mensajes
y el jaguar y la anaconda
consignan
sus nuevos territorios

En la mañana
miles de sonidos
se adhieren
a su tronco

Y en las tardes
el Macondo
canta su lamento

Mi Macondo
-al entrar en vigilia-
se convierte
en navío de guerra
surca los mares
desafía y arrasa
los barcos negreros

Y le refiere
a los vientos Alisios
y a los Monzones
lo que cada criatura
de la selva
ha tejido a sus raíces

(1) Shangó es un Osha guerrero, el rey de la religión Yoruba y uno de los Orishas más populares de su panteón. Shangó es un Osha y está en el grupo de los Oshas de cabecera. Orisha de la justicia, la danza, la fuerza viril, los truenos, los rayos y el fuego, dueño de los tambores Batá, Wemileres, Ilú Batá o Bembés, del baile y la música.

Página Web: Cubayoruba. Religión Yoruba

Cítara africana

¡No sé qué hierve aún
en mi sangre!

¿Será la poeta negra
que canta en esta página?

Ella conoce el lenguaje de los ancestros
herencia que lleva en su cuerpo
-pupilas milenarias de la noche-
y tataranieta de Micaela

Todavía escucha
en las tardes de agosto
la cítara africana que le hace
perder la calma

¿Cuántas voces
y gritos desgarrados
que escuchó Micaela
en el barco negrero
los acrisoló su espíritu?

Ella atraviesa ahora
La casa de los espejos
lleva imágenes y nombres
que consagrará
bajo aquel manto púrpura

Y los someterá a la intensa luz
de setenta y dos velas
para desarraigar
todo lo que de ellos lleva oculto
en la profundidad
de su alma

Linaje

Una página en blanco
reino de la palabra
y luz sonora
atraviesa la noche

Ahora
-mientras el tambor habla-
la selva se estaciona
entre mis sienes

Lengua voraz
donde todo sabe a grito
a borojó y a lulo

Miles de páginas
serán breves
para rescatar de mi sangre
su sabor a leche de coco

Húmeda herencia
de ese antiguo linaje
de sacerdotisa africana

Alegría de la cosecha

*Los porongos golpeados con palos, son característicos
de la música hecha por mujeres en Nigeria.*

Lizzie Williams

*Los instrumentos y el ritmo de la música yoruba
transmiten la voz de los ancestros y su cultura,
que a lo largo del éxodo y del tiempo, los mantienen vivos.*

Alfredo Ocampo Zamorano

Esta canción del boga
que viaja por el río
estremece mi cintura

Siento los pies poseídos
por el fuego inaudito
de los siete golpes
del tambor yoruba

Se prepara el Cosmos
se prepara el mar
y mi cuerpo se libera

Con la alegría de la cosecha
los timbales me hablan al oído
redimen la voz de los Orishas

Al golpear el porongo
-tambor de las mujeres-
bebo su vino de palma
y un aire luminoso
recorre mis caderas

He iniciado
el viaje de regreso
a nuestra Tierra
de origen

Pelo ensortijado

Pero algún esclavo debe haberse colado
en la fila de mis antepasados,
el que dejó su huella en mi cabeza encrespada.

Gabriela Castellanos

Negra la constelación
blanca la luz del lucero del alba
que me acompaña ahora
con esta nueva presencia

Solo la luna llena
sabe de la noche
extraviada en mi cabello

Mi madre convocó
a mis ancestros negros
un viernes santo
a la hora nona

Ellos regresaron alegres
y dejaron sonar la tambora
y una gaita
e hicieron nacer
nuevos y rebeldes rizos
cuando ella cortaba mi pelo

Y desató la Carta de libertad
escrita por siempre
en mis indomables raíces

Mapa que le permitió
a Micaela Jiménez Mora
escapar por lomas y colinas
al norte del Brazo de Loba
hace no sé cuántos milenios

Negra liberta
que se subleva en mí
una y otra vez

Con mi conciencia
al rojo vivo
elevo mi voz y me cierro
sobre la Tierra

E invoco
al Sol del Espíritu
hasta que descienden
los siete sellos
y me entregan el secreto
de su legado

A la sombra de los álamos del sur

Los árboles del sur tienen extraños frutos,
sangre en las hojas y sangre en las raíces...

Poema: Fruto amargo de Abel Meeropol

Una visión interior
me permite vislumbrar las hojas
y raíces invisibles
sombras que aún habitan
los álamos del sur

Árboles heridos
cubiertos de dolor
en las plantaciones
de tabaco y algodón de Luisiana

La marimba interpreta
algunos blues
canciones de indignación
y lágrimas
que nos sumergen
en las cicatrices
de estos árboles

Los cipreses y robles
guardan en la zona oscura
de cada anillo de su tronco
una memoria desgarradora

Conservan vivas las huellas
y se desangran en las tardes
por cada esclavo atado y mutilado
sobre su leño

De ellas brotan
sangre y más sangre
infamia y muerte

Ciegos tratantes de esclavos
a la luz del día
y durante tres siglos
se hundieron en el corazón
de estos árboles
y allí enterraron sus guadañas

La jauría devora los frutos
y la cosecha dicta su sentencia

Precisamos -Señor-
de tu luz
para poder distinguir
en la oscuridad de estos árboles
los cuerpos de los esclavos
que colgados de sus ramas
aún los mece la brisa del sur

Y continúan allí plantados
golpeando la tambora
para vencer el horror
de las sombras
de sus opresores

Árboles contaminados
de barro y sangre

Tu soplo incorruptible
rescata de estas criptas
aquellas almas que aún
vagan en pena

Tiempo de expiación
en todo el Orbe

At the shade of the southern poplars

The trees of the south have strange fruits,
blood on their leaves and blood on their roots...

Poem: Bitter fruit of Abel Meeropol

An interior vision
allows me to glimpse the leaves
and invisible roots
in shadows still inhabited
by these southern poplars

Wounded trees
still covered in pain
on the cotton and tobacco
Louisiana plantations

The marimba elucidates
some blues
songs of indignation
and tears
that immerse us
into the scars
of these trees

The cypresses and oaks
do keep in their dark zone
of each ring of their trunk
a heartrending memory

They maintain each tracks alive
while they bleed in the afternoons
for each slave tied and mutilated
on their logs

And from their trunks
blood and more blood
of infamy and death
rushes out

Blind slave dealers
in daylight
for three centuries
sank into the heart
of these trees
where they buried their scythes

As a pack of hounds they devour the fruits
while the harvest dictates the sentence

Lord we need
your light
to be able to distinguish
in the darkness of these trees
the bodies of the slaves
that hung from their branches
still the southern breeze
rocks them all

And they are still planted there
hitting the tambora
to overcome the horror
and shadows
of their oppressors

Contaminated trees
of mud and blood

Your incorruptible breath
redeems from these tombs
those souls that still
wander in pain

Atonement time
throughout the whole world

En la voz de una mujer

Porque me acepto
rotundamente libre,
rotundamente negra,
rotundamente hermosa.

Shirley Campbell

¿Qué me dice
la voz de esta mujer
que se ama profundamente
a la luz de su estirpe?

Son palabras
que escucho al oído
ahora que el agua
corre por mi boca
y mi silencio se deja ir
detrás de su poema

Ella me llama
-desde sus entrañas-
afirmación y gozo
por la verdad que la habita

Mis uñas
no dejan de rastrear
bajo el pellejo del tiempo
el arco iris que aún me permite
despertar con la alegría
y la esperanza
de los mejores años

Escucho la voz de esta mujer
me grita desde Costa Rica
o desde el África
aquello que los ancestros
nos entregan
para recobrar nuestro origen

In the voice of a woman

*Because I accept myself
rotundity free,
rotundity black,
rotundity beautiful.*

Shirley Campbell

What does
the voice of this woman
tells me
that she loves herself deeply
in the light of her lineage?

These are her own words
that I hear in my ears
now that their water
runs through my mouth
while my silence lets me go
behind her poem

She calls me
-deep inside her bowels-
affirmation and joy
for the truth that inhabits her

And my nails
do not stop tracking
under the skin of time
the rainbow that still allows me
to wake up with joy
and the hope
of the best years yet to come

I hear this woman's voice
she shouts at me from Costa Rica
or from Africa
with what the ancestors
have delivered to us
to recover our origin

Mensaje cifrado de la lluvia

Y el corazón de fuego de la fiera sería rescatado.
Las entrañas sedientas de divinidad, el corazón oscuro
de la tierra ascendería a la luz.

María Zambrano

Vigilia sagrada

En esta calma insomne
que precede al aguacero
mi bosque se viste
de misterio

Ha regresado
a su soledad primigenia
lo rondan los fantasmas
de remotos
y torrenciales temporales

A mi bosque
lo llaman
los cristales de agua
-gotas de rocío-
que se empañan o se rompen
en el claroscuro de la floresta

El bosque
cerró sus puertas
y entró en vigilia

Huellas
de su antiguo linaje

Espera conmovido
los cantos de sus ancestros
y el ritual del Palo de lluvia (1)
antigua ceremonia
que conjura los espíritus del agua

Ha entrado
en el Cáliz del silencio
origen secreto
de esta vigilia sagrada

34

Un Palo de Lluvia o Palo de Agua es un tubo largo con huecos rellenos de semillas, en cuyo interior se clavan palitos de bambú o de madera, formando una espiral que se extiende a todo lo largo. Cuando el palo se inclina suavemente las piedrecillas o las semillas caen y su golpeteo con los palitos produce un sonido que se asemeja a la lluvia o al agua cayendo.

Wikipedia

Mensaje cifrado de la lluvia

Voy a escribir
el mensaje cifrado
que me entrega la lluvia
y asola mi ventana
esta tarde de enero

Exploraré la Sabana
para entregarle
a la Matriz sagrada del Universo
este rumor de delirio
que perturba mi boca

Todo el dolor y la pena
por esta infamia
contra las mujeres
que desgarra mi patria

Se remonta
de nuestro origen
al diluvio
reflejo de lo que el espíritu
de nuestros ancestros
dejó a su paso

Mis labios rasgados sangran
por las mujeres
que en aras de su lucha
y en pos de una conquista
han perdido la razón o la vida

Habían hallado el camino
para salir de la caverna
y solo conocieron
la profundidad de las dagas
que perforaron sus vientres

Desde una atávica memoria
sus almas buscaban
-luego del naufragio-
esa patria extraviada
sepultada en el vacío

Abrasadas por un fuego divino
ellas purifican sus huesos
para despertar en la luz

Y clamarán a la puerta del cielo
y más allá de la puerta del infierno:
Escucha mis gemidos, Señor,
oye mi grito de súplica

Entonces llegará
el Ángel del Abismo
quien conoce muy bien
el corazón de cada hombre

Y hará llover sobre
estos violadores y criminales
azufre y fuego
y desaparecerá
hasta su recuerdo
de la faz de la Tierra

Avidez

¿Qué doble sed es ésta?
¿Qué ser incompleto es éste que produce
en sí esta sed que sólo escribiendo se sacia?

María Zambrano

¿A qué esta lucha estéril?
No es el hombre criatura capaz de contenerte,
avidez que sólo en la sed se sacia,
llama que todos los labios consume…

Octavio Paz

1
Desafié al Océano
gaviota ungida
con un profundo radar

No consulté
durante el temporal
el ojo de la tormenta

Me dejé ir hacia Saturno
envuelta en una sílaba
confidente y solitaria

E indagué
por el azul ultramarino
de su inmensa luna
el origen de mi nombre

Y sentí de nuevo
esa profunda sed

Recóndita avidez
que no halla su causa
sólo en la carne

2
Insensata me asomé al desierto
y mi árida boca
reconoció esa otra sed:
¡Sed por dentro!
¡Sed por fuera!

Con los labios en llagas
y resecas las entrañas
bebí de todas las aguas

Aguas con sabor a fuego
aguas con olor a caña
aguas con sabor a azufre
aguas falsas
que se forman en la matriz

Aguas destiladas del orgullo
aguas que no han sido aún bautizadas
aguas duras y amargas
que vuelven al fondo del Planeta

3
Saboreo
pequeñas piedras
para calmar un mar
y un ciento de vendavales

Retiro la roca de hielo
y mi sed se mira
en una gota de rocío
y se reconoce en este océano

Prueba de la sed

Bebo una y otra vez
de la semilla oculta
bajo la corteza
de las aguas madre

Origen
de mi palabra gemela

He sido y soy -decididamente- yo misma

*Y me niego rotundamente
a dejar de ser yo,
a dejar de sentirme bien
cuando miro mi rostro en el espejo...*

Shirley Campbell

¡Sí soy yo
y es ahora!
O ya jamás alcanzaré esta visión
al abrazar el Cosmos

Soy yo
quien me inclino
ante el lucero de la mañana
y saludo a los jilgueros
con el mismo canto
en bendición
al nuevo día

Soy yo
quien amanece y resucita
para darle gracias al Creador
porque todavía soy
-rotundamente joven-
con esa juventud desatada
de mi espíritu

Soy yo
quien con el color de mi piel
pinto los muros
de toda la ciudad

Ante mi deseo frenético
de recobrar
de una vez y para siempre
el respeto por nosotras

las que hemos luchado
por nuestra equidad
y nos la hemos ganamos a pulso

Soy yo
quien vuelve a contar historias
y a dar testimonio
de nuestras rupturas
en la sociedad y en la oficina
en la alcoba y en la Academia

Soy yo
quien desenmascaré
las mentiras de mi amante
y comprendí
que no soy una pieza de repuesto
ni soy posesión de nadie

Es absurdo vivir
en palabras ajenas
o amar un cuerpo extraño
al cual no reconocemos

Nada tan valioso
como habitar nuestra verdad

Dueñas de nuestra boca
y nuestros verbos

Dueñas de nuestro cuerpo
y nuestras decisiones
siempre a solas
con un respeto total
por la luz sagrada que nos habita

He sido y soy
-decididamente yo misma-
desde que recibí de nuevo
mi espíritu

Luego de escuchar
por fin la voz
de quien todo lo escudriña
y nada se le oculta
con su único y palpitante aliento

Contaminación

Hoy solo me asomo
al balcón y contemplo
el habitual paisaje
del Valle de los Alcázares

Aquellas colinas de Suba
de esta mi ciudad
-Bogotá-
que ha sido por años
sangre en mi piel
verde y canción en mi retina

Hoy solo distingo
un edificio en construcción
que se interpone
entre mi ventana
y las bellas colinas
de celaje y espuma

Veo a los obreros
en su afán por finalizar
el edificio
empeñados en contaminar
esta deslumbrante visión

Bajo el sol o el agua
de esta mi ciudad
-catedral de la lluvia-
estos hombres con casco
quisieran adoquinar mis palabras

Y en su estructura de metal
aprisionar el beso
en tu ausencia
cuando la tarde se despide

Y mis ojos sufren
y mi voz desea gritarles
que no soporto
esa mancha de cemento
sobre mi Sabana

Es una ofensa
y es un taladro
para mis oídos
y el firmamento

¿Cómo recuperar
mis colinas y el esplendor
de los atardeceres?

Y al arco iris
que cumple su ciclo
en una extraña piedra
de aquellos cerros

En ese preciso lugar
del Altiplano
se rompió la roca
por donde ahora
se precipitan el crepúsculo
y mis lágrimas

Quisiera detener
lo inevitable
y contemplar de nuevo
esa comarca arrebatada
al Infinito

Verde
sobre un cristal
verde esmeralda
bajo las ruinas
del Templo del Sol

Alcázar de mi palabra

Argonauta de la luz

Has reconocido a esta mujer
compañera - hermana - amante
quien es -ha sido y será-
ante todo poeta

Me precipito con mi palabra
debajo de la muerte
y sepulto allí
todos mis demonios

Dialogamos en silencio
me aceptas y admiras
y me llevas en tus labios
gran metáfora
que nos lanza al Infinito

Aplaco tu sed
con una palabra nueva
y un Verbo
argonauta de la luz

Peregrino del sendero
de la selva
que nos conduce
a la Cuenca del Amazonas

Entonces bebemos
sangre de coco
y cruzamos juntos
la Cruz del Sur

Bien sabes
que cuando el Río mar
y el Océano chocan
deslumbran al Universo

Sobrenombre: Brujas

*Ella, la hija, había sido la mediadora
que cumple el sacrificio más sin traer hijo alguno…
sino tan solo un poder liberador y un conocimiento
-ya que sin conocimiento- la libertad nunca puede lograrse.*

María Zambrano

-0-
¿De dónde las brujas?
¿De dónde sus pócimas
y sus profecías?

Fueron en un principio
Sacerdotisas
del Santuario de Delfos
guardianas del Oráculo
juglares de las hojas de laurel
mezcladas con el agua
de la fuente sagrada
iniciadas en la incertidumbre
y soledad de su pueblo

Águilas
y estrellas luminosas
líderes y visionarias
compañeras
de Hipatia de Alejandría

Únicas médicas del pueblo
descifraban la lengua de los animales
y escuchaban las voces
de los árboles del bosque
y la Tierra les ofrendaba
su sabiduría

Ellas se atrevieron
a soñarse a sí mismas
venciendo el caos

y sus almas reconocieron
la órbita sagrada que las llevaría
a ocupar otro lugar
en un mundo más humano

-1-
Sibilas condenadas
al círculo de fuego
en aquellos tiempos
de una profunda ignorancia

Edad Oscura
cuando miles y miles de mujeres
aprendieron a volar
en sus escobas de brujas

A su regreso
luego de visitar las constelaciones
sintieron en sus frentes
la corona de laurel
que el Cosmos les concedía

-2-
En una soledad total
los hombres del medioevo
embelesados en sus tinieblas
proyectaban en las mujeres
su desvarío

En esta epopeya
ellos pretendían
-espejo de su alma-
cipreses agónicos
de la Patagonia
legión inconfundible
de magas videntes

Eva renacía
de la manzana
y las mujeres volverían
a ser acusadas
del pecado original

Al verdugo atravesarlas
con su fría sentencia:
Condenada a muerte
intimidadas y rotas
en la ronda del aquelarre
les arrancaban los pechos y la piel
las desollaban vivas

Máscaras
de un dios insaciable

Detrás de cada mujer inculpada
y sentenciada al cadalso
podía esconderse
una acaudalada dama
a quien despojar de su fortuna

Bajo la presión del martirio
la falsa confesión surgía
antes de ser devoradas por el fuego

-3-
Debían entonces desandar
su soledad
esa conquista lograda
a partir del sacrificio

Rescatarían las huellas
del paraíso
sumergidas en el infierno

Llenas del poder
que los hombres
les habían atribuido
y que jamás sospecharon
dejan al descubierto
su dominio
motivo de aquel sobrenombre:
Brujas

Ellos habían ejercido su control
sobre las mujeres
dándoles el título de madres
esclavas del hogar

Y las entretenían
con aquel adefesio
El cinturón de castidad:
-bragas de hierro con llave-

Carcelero de la fidelidad
de las esposas
mientras ellos combatían
y se complacían
en medio de la guerra

Enajenadas en manos del varón
se habían convertido
en herida de la tierra

Antígonas de su infamia
sembraron su nueva vida
a partir de la hoguera y del patíbulo
y a esto se reducía
el tan mal llamado amor
abismo mayor
que su propio vacío

Revestidas
de una fuerza desconocida
se adueñaron de su vida
y de su muerte

Libertad e Identidad
no podrán nombrarlas desde ahora
sino a partir de vencer
a través de la visión
su ceguera
y descubrir la verdad sagrada
que las habita

-4-
Las brujas
mártires y defensoras de una causa
-ser mujeres libres-
desde sus escobas lanzaron semillas
hacia el infinito - el océano y la aurora

Y al caer al precipicio
de aquella Edad Media
aparentemente desapareció
todo rastro de ellas

Apuraron el cáliz
y aceptaron la muerte
para que su simiente
renaciera
una y otra vez

Ayer vencidas
-hoy vencedoras-
con otros nombres
y en otros vientres
donde el amor germina

Ellas -las brujas-
nuestras antecesoras
se afirman y reafirman
frente a la historia

-5-
Y en el silencio
de un instante absoluto
las brujas florecen y desaparecen
al paso de la muerte-vida

Finaliza el padecer
de estas mujeres
y una a una
despiertan lentamente
y vuelven a la tierra
a culminar su obra

En este diálogo
con nuestra alma
nos elevamos
embriagadas de luz

A enraizar en nuestro interior
esa Libertad imperecedera
la de nuestro espíritu
último combate
contra la adversidad

Delirio de siglos
entre conjuros y llanto
estirpe clarividente
que trazó un nuevo rumbo

Soy yo
soy la Otra
y eres tú también
-la bruja-

Huracán
y ahora mar en calma
gota de agua
diáfano cristal
semilla del Infinito

A finales del siglo XVIII, un historiador alemán calculó que a lo largo de un milenio habían sido ejecutados en Europa nueve millones de supuestos brujos y brujas.

National Geographic, España.

Sprenger ha dicho (antes de 1500): Hay que hablar de la herejía de las brujas y no de los brujos, porque éstos cuentan poco. Y otro escritor de la época de Luis XIII añadiría: Por un brujo hay diez mil brujas.

Jules Michelet

Podríamos considerar la caza de brujas en gran escala, como el último intento desesperado de la Iglesia cristiana por vencer al demonio en el hombre mismo: sexualidad en figura de mujer.

Actitudes patriarcales: Las Mujeres en la Sociedad.
Eva Figes

Nickname: Witches

She, the daughter, had been the mediator
that fulfills the sacrifice without giving birth to any son
but only by a liberating power and knowledge,
-since without knowledge- freedom can never be achieved.

María Zambrano

-0-
¿From where the witches?
¿from here their potions
and their prophecies?

Initially priestesses
of the Sanctuary of Delphi
and guardians of the Oracle
minstrels of laurel leaves
mixed with water
from the sacred source
started in uncertainty
and loneliness of their people

Eagles
and bright stars
leaders and visionaries
companions
of Hypatia of Alexandria

The town´s only healers
they deciphered the language of the animals
and they listened to the voices
of the forest trees
as the Earth offered them
its wisdom

They dared
to dream of themselves
overcoming chaos
and their souls recognized

the sacred orbit that would take them
to another faraway landscape
in a more human world

-1-
Sibyls
condemned to the circle of fire
in those times
of profound ignorance

Dark Ages
when thousands and thousands of women
learned to fly
in their witches' brooms

But upon their return
after visiting the constellations
they felt on their foreheads
the laurel wreath
that the Cosmos had granted them

-2-
In total solitude
the men of the middle ages
enraptured in their darkness
projected on women
their own madness

In this their epic
they intended
-mirror of the soul-
agonic and twisted cypresses
of Patagonia
unmistakable legion
of magicians and seers

Eva was reborn
of the apple
and women would be again
accused of original sin

As their executioner trampled them
with his cold dictum:
Sentenced to death
intimidated and broken
in the coven round
they ripped off their breasts and skin
while they flayed them alive

Masks
of an insatiable god

Behind every accused woman
sentenced to the scaffold
a wealthy lady
could hide
from whom to divest all her fortune

Under the pressure of martyrdom
false confession arose
before being devoured by fire

-3-
They had to retrace
their loneliness
that achieved conquest
from this sacrifice

As they would rescue
their footprints
from paradise
submerged in hell

And fulfilled by the power
that men
had attributed them
and that they never suspected
they expose
their own domain
as a reason for that nickname:
Witches

Their oppressors had exercised
their control
over women
by giving them the title of motherhood
household slaves

And their oppressors
entertained them
with that snarl
The chastity belt:
-braided iron bars-

A loyalty jailer
for their wives
while they fought
and were pleased
in the middle of war

Alienated by male hands
they had become
the wound of the earth

Antigone's of this infamy
they sowed their new life
from the bonfire and the scaffold
and to this was reduced
the so misnamed love
greater abyss
than their own emptiness

Coated
by an unknown force
they took over their own lives
and their death

In Freedom and Identity
they can not now be named
but from winning and gaining
through this vision

of their inner darkness
to discover the sacred truth
that inhabits them

-4-
The Witches
martyrs and defenders of a cause
-to free women-
from their brooms they threw seeds
towards infinity - the ocean and the aurora

And when falling to the precipice
of that Middle Ages
all trace of them
apparently disappeared

They drained the chalice
and accepted death
so that their origen
could be reborn
again and again

Yesterday had expired
-today they became winners-
with other names
and in other bellies
where love germinates

They -the Witches-
our predecessors
affirm and reaffirm themselves
confronting history

-5-
And in the silence
of an absolute instant
the Witches bloom and disappear
to the passage of death-life

An end of suffering
for these women
as they wake up slowly
as their legacy arises
and returns to earth
to complete their work

In this dialogue
with our own soul
we rise
drunk with light

To root in our interior
that imperishable Liberty
the one of our spirit´s
last combat
against adversity

Delirium of centuries
between spells and crying
clairvoyant lineage
that opened a new path

It's I
I am the Other
and you are also
-the Witch-

A hurricane
and now a calm sea
a water drop
diaphanous glass
seed of Infinity

Alfabeto de pájaros

Julio Cortázar

Octavio Paz

Alfabeto de pájaros

Sé muy bien por qué escribo
lo supe desde el día
cuando al rayar el alba
noviembre me recibió
con este nombre de poeta

Escribo
y unos pasos sigilosos
esconden evidencias
que estremecen mis entrañas

Reconozco una luz en exilio
letra muerta
ceniza de tantos poemas
que mis antepasados sepultaron
en el fondo del olvido

Doblo la última página
del diario de mi tatarabuela
y me sumerjo en una memoria
hasta ahora desconocida

Respondo con todas las palabras
que hacen guardia
-día y noche-
al pie de mi nuevo libro

Desentraño del alfabeto
de los pájaros
la segunda armonía
es casi imperceptible
va más allá de su lenguaje

Allí donde el Verbo vive
cuencos de cristal de cuarzo
que recorren años luz
música del Infinito

Alphabet of birds

I know very well why I write
I knew it since the day
when at dawn
november received me
with this my poet´s name

I write
and a few stealthy steps
hide this evidence
that shakes my bowels

I recognize a light in exile
dead letters and lines
ashes of so many poems
that my ancestors buried
at the bottom of oblivion

I fold the last page
from my great-great-grandmother's diary
and I immerse myself in a memory
hitherto unknown

As I respond with all the words
that stand in guard
-day and night-
at the foot of my new book

Unraveling the alphabet
of birds
a second harmony
that is almost imperceptible
and goes beyond its own language

Right there
where the Verb lives
quartz crystal bowls
traveling light years
music of Infinity

Piedra de indio

Dedicado a mi prima Ángela María Márquez Escobar

1
El nuevo nombre de Ángela:
Chantal
proviene de una antiquísima ciudad
Petra
esculpida dentro de la piedra
al este del *Valle de Aravá*

Ruta del incienso -la seda-
y las especias

Chantal
cantera natural
filón -imán
o peñasco lunar

2
Ella conoce el poder
de la piedra sagrada de indio
que gira nueve veces
antes de tocar la tierra

Cuando colocó de niña
la primera piedra
de su escenario teatral
enterró algunos disfraces
y sombreros
era su iniciación como actriz
ante su familia y amigos

Hoy descifra en las mañanas
el lenguaje de los pájaros
y de las mariposas
y guarda el asombro

de cada primer vuelo
en un arca secreta

Mi traje de agua
le entregó la clave
para alcanzar
desde sus pupilas interiores
este otro océano
en que palpita el poema

Temerosa aún
de iniciar la travesía
la encontré atada
a un altivo roble

3
Sus manos se liberaron
y a través de su dedo meñique
recibió el extraño designio
del Hilo Rojo (1)

Sangre de Júpiter
en certidumbre
que le permite escribir ahora
los cuentos y leyendas
de una antigua Provincia
del Estado Soberano de Antioquia:
San Juan de Salgar

4
Al umbral del atardecer
y cerca del Cerro Plateado
el Cacique Barroso enterró
todo el oro
y las piedras de su tribu
huyendo de las tropas
del Conquistador (2)

Chantal asegura
que ella descubrió
en víspera de la Pascua
y cerca del nacimiento
de río Barroso
una deslumbrante pieza
de aquel tesoro

Una piedra de indio
el recipiente sagrado
donde el Cacique depositaba
sus ofrendas

Ahora ella
pude escuchar su voz
cuando con el primer rayo de luz
él habla
con sus ancestros

(1) El hilo rojo es una leyenda anónima de origen oriental. El texto literal dice: Un hilo rojo invisible conecta a aquellos que están destinados a encontrarse, sin importar el tiempo, lugar o circunstancias. El hilo puede estirarse o contraerse, pero nunca romperse.

https://www.clarin.com/ser-zen/leyenda-hilo-rojo-predestinados_0_rkW_z8FPme.html

(2) Más informados por leyendas populares que por documentos científicos, se dice que a orillas del río Pombas, en las cercanías del condado del hoy "Salgar", y más específicamente en las cercanías de un cerro conocido como "Cerro Plateado", un cacique de nombre "Barroso" habría enterrado grandes cantidades del codiciado oro que los españoles perseguían.

https://es.wikipedia.org/wiki/Salgar

Mística canción bajo los párpados

& es renacer austral que calculándose
vadea ya lo eterno en su enigma...
mística canción que nos señala
las funciones abstractas de la mente.

Alfredo Ocampo Zamorano

1
Llevo mi piel cosida
de palabras
y siento un bullir
de agua -polvo y luz
en mi memoria

Las vocales
-mis maestras-
me recuerdan
aquel alucinante viaje
de iniciación al Cosmos

2
Despojada
de todo equipaje
me desafiaron un día
a atravesar la cola
del Cometa Halley
y su majestuosa
lluvia de estrellas

Extraviada en el espacio
precoz navegante
a merced de Júpiter

Esta ícara niña
con sus alas derretidas
se aferró a una pluma
y a un papel

mientras descendía
por un agujero
al centro del Planeta

Se enciende la música
en esta cápsula
-espacio tiempo-
para un renacer austral

Mística canción
bajo los párpados

Suelta la palabra

*Yo tengo una palabra en la garganta
y no la suelto, y no me libro de ella
aunque me empuje su empellón de sangre.
Si la soltase, quema el pasto vivo,
sangra al cordero, hace caer al pájaro.*

Gabriela Mistral

Dedicado a mi madre, Elvira Escobar de Cuesta

1
Es hora Madre
suelta la palabra
aprisionada por siglos
quema tu garganta

Es hora Madre
revisa las trincheras enemigas
con esta nueva
serenidad de espíritu

Es hora Madre
desafía tu linaje
aunque reconozcas
su doloroso legado

Es hora Madre
rechaza a esos fariseos
desde sus bocas cosidas
pretenden amordazar
la tuya

Es hora Madre
aunque al soltarla
se levante la ira
de todos tus antepasados

Es urgente madre
aunque calles
del fondo de la Tierra
se levantarán
y gritarán las piedras

2
Es hora Madre
Dios no ama el silencio
él nos dio su Palabra

El caos
nunca pudo sofocar la luz
en lo más profundo
de tu vientre

Al llegar la tarde
el Verbo regresa
con su arrolladora fuerza
y desata nuestra ceguera

3
Suelta la palabra ahora
no vuelvas atrás la mirada

Aunque te atropellen
las letras escritas
con sangre
en tu memoria

No es justo que yo
descifre en secreto
tanta impotencia
tanta soledad

Si dejas libre tu palabra
verás cómo se escapan
las sombras
que te aprisionan

Es nuestra esta hora
-madre-
suelta la palabra
aprisionada por siglos
quema mi garganta

Semilla boreal

Semilla boreal

A la hora del dolor
debes pulir la piedra
corona solar
que le saca filo a tus pupilas

Cuando la tristeza llega
y descubres el llamado
de la verdad

Entre visiones y revelaciones
te aproximas a una historia
insospechada

Enigma del nacimiento
de un país
bajo el dominio
de una sola palabra

Existen trazos
bajo la sangre
que enmudecen la voz
y parten en dos la historia

Buscamos entre lagos y pedregales
aquella palabra
que tendremos que rescatar
de un príncipe muisca
sangre de sol
que pagó por su silencio

La que nunca
pudieron descubrir los españoles
la burlona y dolida
y por toda la eternidad
insobornable

Perdida en el enigma de los años
y con su sensibilidad
a flor de un pueblo

Vocablo que emerge
del vacío
semilla boreal
soberanía del indígena
por mandato divino

Confidencia que nos acerca
a nuestra verdadera lengua

Un destello nos conduce
al Ojo de Agua
nos llama
la laguna dorada

Durante la luna de agosto
al echar el ancla
y cambiar los niveles del agua
es tan grande nuestro júbilo
que la palabra se desprende
del manto reluciente
escondido en los cimientos
de la Tierra

Viaje a las raíces

He ido al mercado de chatarra
y he comprado cadenas
pesadas cadenas
para ti
amor mío

Y he ido al mercado de esclavos
y te he buscado
pero no te he encontrado
amor mío

Jacques Prevert

Hombre
-a quien le aposté en un pasado-
si tus pájaros y flores
me encadenan

Y si de tu amor
solo recibo chatarra y grilletes
las dulces argollas
de una esclava

Te devuelvo
lo que con tanto cuidado
escogiste para mí
en el mercado

De los pájaros
rescaté las alas
que me enseñaron a volar
sobre las siete cumbres

Al desplomarme y caer
una y otra vez
deseé con todas mis fuerzas
ascender en el cuarto movimiento
de aquella Sinfonía
que me invitaba

entre violonchelos y flautas
a iniciar
una nueva vida

Al despertar
de un profundo sueño
miles de hojas
de distintos arbustos
y hojas de libros
arroparon con palabras
mi árbol de papel

Este árbol
se aferró a la aurora
a un costado de mi casa
y con la intensidad de su luz
disipó mis temores

Por eso hombre atado
por las sombras
de su propia alma
no pudiste encontrarme
en el mercado de esclavas

Soy libre ahora
para comprender
que fuiste solo un traspiés
en este insólito
viaje a mis raíces

Journey to the roots

I have gone to the scrap market
and I bought chains
heavy chains
for you
my love

And I've gone to the slave market
and I've searched for you
but I have not found you
my love

Jacques Prevert

Man
-to whom I bet in the past-
if your birds and flowers
chained me

And if from your love
I only receive scrap and shackles
the sweet rings
of a slave

I give you back
what with so much care
you chose for me
in the market

Of the birds
I rescued the wings
that taught me to fly
over the seven heights

When collapsing and falling
again and again
I wished with all my strength
to ascend in the fourth movement
of that Symphony
that was inviting me

between cellos and flutes
to start
a new life

Then upon awakening
from a deep sleep
thousands of leaves
of different shrubs
and sheets of books
clothed with words
this my paper tree

This tree
that clung to the aurora
and at one side of my house
with the intensity of its light
it dissipated my fears

That's why tied man
by the shadows
of your own soul
you could not find me
in the slave market

I'm free now
to understand
that you were just a stumble
in this unusual
journey to my own roots

Hilo de agua-luz

Cuando el espíritu pesa,
se dirige hacia el agua…
Por consiguiente, el camino
del alma… conduce al agua.

Carl Jung

En el fondo de las entrañas, agua
purificadora, que hace comprender
y compartir, y condensa la tierra áspera
y dura en limo de vida.

María Zambrano

Esta genealogía femenina
se abre a la vida
-partera solitaria-
desde su gruta interior

Con esta piel de mariposa
que ahora reconozco
sol para nuestro cuerpo
y oráculo del alma

Ánfora herida de luz
hambre de una palabra
vacío al fondo del abismo
que solo la marea del Océano
en pleamar aplaca

Y por este silencio errante
de los astros
estirpe de guerreras
que llevamos como escudo
un segundo nacimiento

Al salir de la tumba
rescatamos ese hilo de agua-luz
que libera a cuatro
de nuestras generaciones

Descubrimos la lengua sagrada
y el anillo que sella
nuestro nuevo pacto
con el Cosmos

80

A la luz de las cigarras

Mas tú, cigarra encantada,
derramando son, te mueres
y quedas transfigurada
en sonido y luz celeste.

Federico García Lorca

Y de golpe
sentí que aquella
estrella implacable
anidaba en mis entrañas

Y recordé las cigarras
a las que hieren
espadas invisibles
que se esconden en las nubes

Durante años
las cigarras -bajo tierra-
se alimentan de rocío
y de las raíces de los árboles

Renacen en verano
y al llegar la primavera
emergen con aquel fulgor
adherido a sus entrañas

Cigarras
mensajeras del sol
sus alas luminosas
desatan la alegría
en el Planeta

La cigarra macho
baja del árbol y en medio
de sus estridentes cantos
busca a su pareja

Y sentimos
a golpe de timbal
su enloquecido llanto

La cigarra hembra
pone el huevo
y en medio de su delirio
reconoce la muerte

Se hace una
con las entrañas de la tierra
y le entrega gozosa
la espiga solar
a su críptica especie

Canta ahora a la luz
de una nueva cigarra

Sol de medianoche

Zarpé sin rumbo
-sería el año de 1278-
hacia una tierra inhóspita
sobrevivir allí era un desafío

Pequeña Edad de Hielo

Por los abismos
de los pozos de nieve
rescaté aquella armadura
de caracol marino
que depuró mis fronteras

Oculta bajo un inmenso témpano
mis lágrimas se desvanecieron

Y viví de las burbujas de aire
que iluminan sus cristales

Ávida por fuera
y desolada por dentro
la palabra se congeló en el aire

Debía despojarme de nuevo
de aquel fino ropaje
la escarcha escondía
la otra cara de la Luna

Escarbé y cavé
en su infranqueable corteza
hasta que llegué al Círculo Ártico
y me bebí sus noches blancas

Luz que jamás se extingue
y se refleja en la gota de agua

Sol de medianoche

Concierto del Océano

Concierto del Océano

...y le suplicasen con mucha devoción que les dexasse descubrir
y ver los grandes secretos e riquezas que en aquella mar
y costa avía... y luego Núñez de Balboa se hincó ambas rodillas
en tierra y dio muchas gracias a Dios por la merced
que le avía hecho,
en le dexar descubrir aquella mar...

Tomado del diario de Andrés de Valderrábano,
escribano y notario oficial de la expedición.

1
Antes
muchísimo antes
que el hombre apareciera
en el Planeta

El Creador
pronunció la palabra
Agua

Y desde su boca
los cristales cubrieron
el Fuego inicial
desatado por el Verbo

Asombrada
por el volumen majestuoso
del Océano
la luz buscó en el agua
un refugio
gran matriz cósmica

Y el rocío
el primer gran juglar
de la Tierra
enamoró con sus flautas
a las aguas madre

Interpretó
la partitura inaugural
sonidos ultrasónicos
de los siete cuerpos celestes
liturgia del Universo

Desde entonces se inicia
la fugaz ceremonia del Mar
a las *cinco en punto de la tarde*

El agua entra en reposo
y en un silencio total
desciende a las capas
más profundas de la Tierra

Enmudece
la Canción del Océano

2
El cielo atendió el ruego
de Vasco Núñez de Balboa
y un Allegro escapado
de la Sonata para piano
número ocho de Mozart
inicia el gran Concierto

La Luna derrama
su magnetismo
sobre las aguas del Pacífico

Entonces las mareas
vuelan -cantan- ríen
y coronadas de esplendor
reciben el Arco Iris

3
Las Yubartas
perciben aquel allegro
y sobre la intensidad del azul

despliegan sus aletas
danzan alrededor
de la órbita terrestre

El ritmo es contagioso
y las notas de una cumbia
atraviesan las dorsales oceánicas

Los manglares
ebrios de la dulzura del agua
atan a los pliegues
de un acordeón
las gaitas de mar de un vallenato

Todo es cambiante
humedales y cristales
en perpetuo movimiento

4
Una familia
de peces golondrinos
entra en éxtasis
con las estrellas marinas

La más audaz
banda de delfines
interpreta una fusión
de luz y agua
y de sonidos ancestrales:
alabaos -blues- y rock

Las ballenas jorobadas
de Bahía Solano
desafían con su ensamble
los Hip Hop

5
En la sorda profundidad
de su caracola
el Nautilus alucina
en clave de saxofón

Al compás de la tambora
y a ritmo de salsa
las algas se estremecen
bajo el espejismo
de los corales

El pez pipa fantasma
al son del movimiento del agua
interpreta con la Big Band
un solo de Jazz

Las desafinadas voces
de los peces ballesta
desatan la burla
de tan refinada audiencia

Despiertan ahora
el cununo macho
y el cununo hembra
e inician la fotosíntesis

Los caballitos
y dragones de mar
-luego de un arrebatado tango-
interpretan un break dance

6
Vasco Núñez de Balboa
acompañado de Ñulfo De Olano
y de Juan De Beas
-los primeros afrodescendientes
en América-
y desde la cumbre del Monte Quareca
desafían su estremecedor oleaje

Entonces les parece haber bebido
todo el oloroso vino de jerez
de las viñas de España

Concierto
música irresistible
de estas zonas orgásmicas
hasta ahora desconocidas
de este Mar del Sur

Vasco Núñez
y su cortejo en pleno
se adelantan
al cuarto movimiento
de la Novena Sinfonía

La Oda a la Alegría:
insospechada ruta
hacia estas nuevas
y sorprendentes especies

Sus nombres
quedaron sellados
en el Libro de la vida

7
De Olano y De Beas
en su desvarío habían soñado
con esta diáspora africana
en la Región Pacífica
de Colombia

Y más allá de los caimanes
y de todas las plagas
y enfermedades
estaba la riqueza arrolladora
de este Nuevo Mundo

8
Cuando en el principio
el agua era apenas
una de las Letras invisibles
del Alfabeto Sagrado

Llega el silencio y narra
entre cristal y cristal
el gozo del Altísimo

Sonata para el Infinito
compuesta
cuando estos Símbolos
se despojaron de sus velos
y se sumergieron en el mar

Danza cósmica
que del fondo del abismo
hizo posible
este misterioso
e impredecible
Océano Pacífico

Caño Cristales

…mientras algunos miran al barro
yo miro las estrellas.

Andrés Hurtado García

Creador y Maestro
regálame una palabra
arrebatada al aire transparente
de la Sierra de la Macarena

Al delinear la Tierra
tu pluma le abrió el camino
al volcán y al río

Soñaste la víspera de tu descanso
con Caño Cristales

Río de los cinco colores
que al compás de un arpa recorre
la morada del Arco Iris

Lirio de agua
donde jaguares y caimanes
deliran en medio
de todo el agua del Planeta

Este Nuevo Mundo
al despertar en Colombia
y alrededor de un cóndor
congrega miles de aves
que alucinan aún nuestros oídos

Cuando cruzamos el Río
escuchamos cantos y reclamos
por las entrañas de esta frontera
de la Amazonía

Caño Cristales
engendrado en el útero del Cosmos
paleta en la memoria
de un jaspe iridiscente

94

Estrecho de Magallanes

*En aquellos parajes el mar hierve y las tablas
de las naves se convertirán en llama viva.*

Stefan Sweig

Mi nave me conduce ahora
hacia Magallanes
me alucinan los mil rostros
de la muerte

El mítico territorio
donde convergen
dos Océanos

En un comienzo su corazón
buscó las islas de las especias
y finalmente regresa de la otra vida
a reivindicar su nombre

Empieza la travesía y en alta mar
el Capitán general
-solo y siempre más solo-
se siente prisionero
y en su ceguera
se devora a sí mismo

El mar hierve
por estas desconocidas aguas
y en medio de una gran tormenta
su nao Santiago se estrella
contra la costa

Magallanes
a solas con sus enemigos invisibles
y solo contra el mundo
debe permanecer siempre en vigilia

Ha de cuidar su espalda
lo asechan motines y traiciones
se ha convertido
en la mejor carnada

Él ha hecho parte también
de muchas conspiraciones
y ahora como víctima
la pasión lo devora

En su furia anhela arrasar
con las entrañas de este mar
al que hostiga en su soledad

Siempre navegando
entre dos aguas conquista
la Tierra del Fuego

Comprende
que le allanaron su mente
y se dejó envolver soñando
con los mares de la India
los tallos de canela
y la pimienta negra de Malabar

Ahora decanta sus dudas
y su propósito
abriendo huecos en la Tierra

Desentierra entonces
de aquella gran Isla
una revelación

Y hace suya la historia
y el Canal de Todos los Santos

Con la voz
de las eternas aguas
vence la muerte

y la convierte en su cómplice
gran ofensiva contra
este mar incógnito

Deja su rastro indeleble
cantan su nombre
los marineros
los mapamundis y el Universo:

Y al avistar
el Estrecho de Magallanes
su gritó es ahora el nuestro:

Thalassa - Thalassa

Choachí

Paisaje
viento en razón
de la caricia
coincidencia del corazón
y el sauce

Sinfonía del frailejón
camino en bruma
pasión en flores diminutas

Choachí dispersó
la niebla
y la penumbra

Manantial en éxtasis

Huella digital de Dios

Décima dimensión por espirales
número primo anclado en un principio
de una secuencia musical al siempre
en torno al caracol que inicia el hecho
y al hacerlo comienza el Universo

Alfredo Ocampo Zamorano

1
A la altura del Verbo
una Letra Sagrada conjugada
con el Cero
se hizo cartografía invisible
de la imaginación del Todopoderoso

El Cero
Cantar de los Cantares
para el despertar del Cosmos
contiene y oculta
la música secreta y gloriosa
que escuchan las galaxias

En el principio
el Señor del Cero
escribió al interior
de este papel en blanco
con la pluma del Verbo
su declaración de amor
a los Planetas

Y a la Hora Cero
desató su aliento

Y bajo la densidad del agua
ondas de gravedad
liberaron el vacío

Guardián del divino fuego
poder de las profundidades
origen de todo lo creado
y reserva de Elhoim

2
La Letra Bet
derrama sobre el Cero
la simiente de la vida

Faz oculta
espejo que nos permite ver
más allá del velo
esa mínima partícula de luz
que enajenó el Caos

Céfiro de los árabes
número absoluto
que ahora percibe el poeta
en su íntima vivencia
de los billones de soles
que hicieron posible
la semilla y el agua

El Cero
entraña mística
del reino del vacío

Huella digital de Dios

Sello inconfundible
número primo
donde vive y se oculta
la Sabiduría

3
Cero en todo
su esplendor
genealogía sagrada
árbol de la vida

Tiempo Cero
espacio Cero

El Cero deletrea en silencio
ese nombre impronunciable
y precipita la memoria
del Océano

Dígito escrito
en las aguas madre
para desbordar y fecundar
el útero del Planeta

Cítara muda
canción del paraíso
ancestro primigenio
y desconocido del orbe

El Punto Cero
al mirar el horizonte
multiplica el número por diez
y al dividirlo
lo entrega al Infinito

4

Nautilus reconoce
en su cuerpo
un depósito de Ceros

Los Ceros a su izquierda
lo hacen insignificante
nunca alcanzará
las siete esferas de la luz

Cuando se sitúan
a la derecha
aumentan su frecuencia
bendicen al número
y lo arrebatan
a la altura del firmamento

5
Cuando el Nautilus
se disfraza
de Cero absoluto
disuelve su temperatura
y nos acerca
a los profundos laberintos
de la nada

Nautilus lleva
sobre su concha
un arsenal de Ceros
para navegar a sus anchas
por el Universo
del Unus a la Eternidad

Fingerprint of God

Tenth dimension spirals
prime numbers anchored in the beginning
of a musical sequence forever
around the snail that starts all event
while so doing the Universe begins

Alfredo Ocampo Zamorano

1
At the height of the Verb
a Sacred Letter is conjugated
with Zero
making an invisible cartography
of the Almighty´s imagination

The Zero
singing of the songs
for the awakening of the Cosmos
contains and hides
the secret and glorious music
that listens to the galaxies

In the beginning
the Lord of the Zero
wrote inside the interior
of this blank paper
with the pen of the Verb
his declaration of love
to all the planets

And at this Zero Hour
he unleashed his breath

Under the density of water
gravity waves
they released the Zero

Guardian of the divine fire
power of the depths
origin of everything created
and Elohim's Reserve

2
The letter Bet
pours onto the Zero
the germ of life

Hidden face
a mirror that allows us to see
beyond the veil
that minimal particle of light
that alienated Chaos

Zephyr of the Arabs
absolute number
that the poet now perceives
in his intimate experience
of a billions suns
that made it all possible
the seed and the water

The Zero
entails the mystic
kingdom of emptiness

Fingerprint of God

Unmistakable stamp
prime number
where the Zero lives and hides
his wisdom

3
Zero in everything
with its splendor
sacred genealogy
tree of Life

Time Zero
Zero space

And the Zero spells silently
that unpronounceable name
and precipitates the memory
of the Ocean

Written digit
in mother waters
to overflow and fertilize
the uterus of Planet

Silent Zither
song of paradise
primal ancestor
unknown from Earth

The Zero point
when looking at the horizon
multiplies the number by ten
and by dividing it
delivers it to Infinity

4
Nautilus recognizes
in his body
a deposit of Zeros

The Zeros to the left
are insignificant
and they will never reach
the seven spheres of light

But when they are located
at the right side of number
it increase their frequency
they bless it
and snatch it
at the height of the firmament

5
When Nautilus
disguises as
the Absolute Zero
he dissolves his own temperature
by becoming
the deep labyrinths
of nothingness

For Nautilus carries
on its shell
an arsenal of Zeros
to navigate at ease
the Universe
from Unus to Eternity

Embriaguez

Ebria de amor
-como todas las mañanas-
Mariam eleva su oración
en el Río Jordán

Arrullo de tórtolas
sobre este río de agapantos

Al alzar el Cáliz
y brindar con Jesús
por la aurora y la vida
los peces y el agua

María de Magdala
entra en sí misma
ha despertado de un sueño
ya no esconderá la felicidad
bajo la culpa

Despierta en ella
ese fuego
que no le cabe en el pecho

Entonces lo ve venir
caminando de nuevo
sobre el agua

Asoma en María Magdalena
la primera lágrima

Se embriaga
de su Cáliz
y Jesús le revela
el misterio de su Cuerpo
y de su Sangre

Nada la separará ahora
de su Maestro
y de su palabra

Evangelista de su Resurrección

Camino del Padre

*Salí del Padre y vine al mundo, ahora dejo
el mundo para regresar al Padre.*

Juan 16: 28

María Magdalena
acompañó a su Maestro
hasta la muerte

En el alba de la Pascua
-con las primeras luces
del amanecer-
ella se presentó
en el sepulcro

Dos ángeles
con cantos de alabanza
la esperaban

Mujer ¿Por qué lloras?
¿A quién estás buscando?

Cuando Él pronuncia
su nombre: ¡María!
ella lo reconoce
y se esconde entre sus brazos

No pudo tocarlo
en su materia
iba camino del Padre

Bebió de su Espíritu
y de su Palabra
puedo abrir los siete sellos
de su propio libro

Brilla ahora sobre ella
la luz de su Rostro

Apóstol de los Apóstoles

Primer testigo de su Resurrección

Espejo de su Gloria

Por eso, todos nosotros, ya sin el velo
que nos cubría la cara, somos como un espejo
que refleja la gloria del Señor...

2 Corintios 3: 18

Mariam
-Rosa de Sión-
entra en la matriz cósmica
del Universo
y allí donde fue concebida
su semilla
será restaurada

Ya sin velos
que cubran su rostro
se embriaga del Espíritu
-hace parte de ella-
aún antes de recibir la primicia

Ebrio el ciprés de tanto amor
la cubre con sus ramas

Miles de pañuelos blancos
descienden de lo alto
mientras María de Magdala
danza sobre la tierra

Las notas de un Aleluya
invaden la mañana
libélulas de gozo

Los arcángeles
marcan el ritmo
y ella flota
sobre las cascada

El conocimiento
que estuvo oculto para los apóstoles
Mariam lo recibió
del Salvador (1)

Su Evangelio
testimonio vivo
de su Sabiduría

Espejo de su gloria

(1) Igualmente, del evangelio se desprende que María Magdalena recibió enseñanzas privadas de Jesús, por lo que pudo acceder a doctrinas que el resto de discípulos nunca escucharon, ¿por qué?, ¿quizás la confianza que tenía en ella era mayor que con el resto?, o tal vez con ella tuvo un mayor grado de entendimiento. Según los textos, esta última hipótesis parece la más probable, ya que en ellos Magdalena no aparece únicamente como la discípula a la que Jesús más amaba, sino como una figura simbólica de la sabiduría celestial.

Página Web: La verdadera María Magdalena – y el evangelio apócrifo de María. Por Iván Montoya. Agosto de 2010

Rosa púrpura

*Misterio en que lo humano obtiene su liberación
suprema de la tragedia, de ser sombra del semejante.*

María Zambrano

Deposito ahora
una semilla
de rosa púrpura
en sus manos

Manos que apuraron
el Cáliz
siempre a la sombra
de ella misma

Manos que estrechan
una verdad
y se elevan hoy
sobre el silencio
que estremeció su alma

Goza ahora su corazón
y su lengua se hace fiesta
reconoce los signos
que quedaron gravados
sobre el madero

Ella beberá
el vino nuevo
ofrenda con sabor
a eternidad

Epifanía de Amor
sobre la tierra

Lágrima

Al fondo
de tu mirada
una lágrima

Puerto anclado
al infinito
cepa desprendida
de la soledad

Lágrima
-ojo de agua-
memoria íntima
que jamás te abandona

Portadora de un secreto
espejo de esa imagen
donde no te reflejas

Avidez por regresar
al origen
fuego que nos depura

Desde un punto remoto
del Cosmos
una gota de rocío
te bebe
y la bebes

Manantial en éxtasis

Reserva del Infinito

¡Es todo un pueblo buscando el modo de huir,
soñando los caminos, recuperando su libertad!

Página Web: Humanismos sin Credos

El Creador sintió
que el agua
el viento y los animales
habían encontrado
su propia voz

Desde las primeras horas
de la madrugada
Él escuchaba sus cantos

Y los pájaros aliados
con el aire
desplegaban sus registros
y escribían sobre la aurora
sus más hermosas plegarias

Incluso los esclavos negros
con sus cantos espirituales
en las plantaciones de caña
alcanzaban su libertad
guiado por extraños Códigos
Reserva del Infinito

Ahora que reconozco
la Estrella Polar y los ríos
que fluyen por sus canciones

Mi alma se precipita
bajo tierra
mientras el agua la purifica

Baja y sube con tal fuerza
que la corriente de agua
le traza el camino a mi espíritu
para regresar a mi cuerpo

Última gota

Tu Cáliz viaja ahora
desde los cántaros de agua
de Caná de Galilea
hasta la Copa de vino
que tu aliento
transforma en sangre

El Ánfora sube al Padre
y Él que es todo fuego
creación y movimiento
inicia una danza en espiral
que sacude el Cosmos

No en vano
tu Palabra desbordó
la Urna preciosa
y traspasó el madero

Y el campo devastado
supo de la agonía
del alma de la Tierra

Y Colombia
con su corazón hecho trizas
-bajo un legado de muerte-
busca ahora la última gota
que desciende de tu Cruz
para sanar sus heridas
y recobrar el Verbo

Queremos gozar
de la Tierra prometida
ahora cuando la nueva siembra
con su matriz de luz
nos devuelve tu Cáliz
y el fresco olor de tus espigas

Hoja de vida de Guiomar Cuesta Escobar

♣ Poeta e intelectual con una larga y reconocida trayectoria.

♣ *Miembro de Número de la Academia Colombiana de la Lengua.*

♣ *Miembro Correspondiente de la Academia de Historia de Bogotá.*

♣ *Miembro Correspondiente de la Real Academia Española de la Lengua.*

♣ Licenciada en Ciencias de la Comunicación Social. Periodista. Pontificia Universidad Javeriana. Bogotá, 1977. Tesis de grado: *Dos Periódicos colombianos y la imagen de la Conferencia del Año Internacional de la Mujer.*

♣ 1974-1978 *Secretario Privado* del Ministro de Relaciones Exteriores, Indalecio Liévano Aguirre. Bogotá.

♣ 1975 *Año Internacional de la Mujer*, hasta 2019. (*Mujer América-América Mujer*). Comienza su formación y estudios sobre el tema de Género, el cual marca toda su trayectoria literaria.

♣ 1978-1981 *Representante Alterna en la Misión Permanente de Colombia ante la OEA.* Washington D.C., 1978-1981.

♣ 1978-1981 *Miembro de la Comisión Interamericana para la Educación, la Ciencia y la Cultura.* CIECC. Washington, D.C.

♣ 1978-1981 *Miembro de la Comisión Ejecutiva Permanente para la Educación, la Ciencia y la Cultura.* CEPCIECC. Washington, D.C.

♣ 1978 Delegada *XIX Asamblea de la Comisión Interamericana de Mujeres*, CIM. Washington D.C.

♣ 1987 a la fecha. Participación en el Encuentro de Poetas Colombianas del Museo Rayo. Roldanillo, Valle del Cauca.

♣ 2002 a la fecha. Fundadora y Gerente de Apidama Ediciones. Bogotá. Sello editorial especializado en la publicación de Poetas Mujeres y en Literatura Afrocolombiana.

♣ Ha publicado, junto con Alfredo Ocampo Zamorano, 120 títulos en su sello editorial: Apidama Ediciones, durante sus 17 años de existencia. Y 7 Antologías con extensas investigaciones y prólogos.

♣ Feria Internacional del Libro de Bogotá:
  - ✓ 1991-2007 Coordinadora de la Hora de la Poesía.
  - ✓ 1991 Directora del Stand Palabra de Mujer.
  - ✓ 1995 Directora del Stand Amor y Poesía.
  - ✓ 1997 Directora del Stand Voces Latinas en Estados Unidos.
  - ✓ 1999 Directora del Stand de la Fundación Mujeres de Éxito

♣ 2000 a la fecha. Inicia su formación Teológica, en la cual continúa hasta el presente.

♣ 2015 a la fecha. Directora Ejectuvia de *La Fiesta de la Poesía en Villa de Leyva.* Boyacá.

♣ 2014-2016 Asesora del *Festival de Poesía Negra y Cantos Ancestrales.* Cartagena de Indias.

♣ 2016 Directora del *I Premio Internacional de Poesía, Candelario Obeso.* Cartagena de Indias.

♣ Ha hecho lectura de sus poemas en Venezuela, Perú, México, Europa, Estados Unidos y en toda Colombia.

♣ Ha vivido en Washington D.C., Lima, Perú; en Kigali y Nairobi, África. Ha viajado por Venezuela y Sur América, México, Estados Unidos y Europa.

Libros de poesía publicados

1. *Mujer América-América Mujer*. Prólogo de Laura Restrepo. Editorial Pluma. Bogotá, 1978.
2. *Tiempo del No-Tiempo del Sí*. La fiesta de la vida. Prólogo de Alfonso López Michelsen. Biblioteca Banco Popular. Bogotá, 1984.
3. *Cábala: Círculo Madre Tierra*. Ediciones Embalaje. Encuentro de Poetas Colombianas del Museo Rayo. Roldanillo, Valle del Cauca, 1989.
4. *Bosque de Metáforas. Premio José María Heredia. ACCA, Asociación de Críticos y Comentaristas de Arte*. Miami, Florida. Publicado por la Biblioteca de Autores Caldenses. Manizales, 1991.
5. *Desde Nunca*. Prólogo de Ignacio Chaves Cuevas. Fundación Universidad Central. Bogotá, 1995.
6. *Ceremonia del Amor*. Prólogo de Luis Zalamea. Ollave Editores. Bogotá, 1995.
7. *Doble Sonoro*. American Airlines. Bogotá, 1996.
8. *Amantes de la Lluvia*. Fondo Cultural Cafetero. Bogotá, 1996. *Premio Oxford de Literatura Colombiana. Modalidad Poesía*, 1997.
9. *Maderadentro*. Biblioteca Pública Piloto de Medellín, 1997.
10. *Jaramaga. VI Premio Internacional de Literatura Latinoamericana y del Caribe Gabriela Mistral, 2001*. Ediciones Côté-femmes, París, Francia, y el Grupo Mujer y Sociedad. Universidad Nacional de Colombia.
11. *Fuego Cruzado*. Apidama Ediciones. Bogotá, 2002.
12. *Huracán de Luz*. Apidama Ediciones. Bogotá, 2004.
13. *Concierto de Amor a dos voces*. Diálogo poético con Alfredo Ocampo Zamorano. Apidama Ediciones. Bogotá, 2005.
14. *Casildea de Vandalia. Accésit al Premio de Poesía, María Fulmen*. RD Editores. Colección Mujeres del Sur. Sevilla, España, 2006.
15. *Morada del Cóndor*. Apidama Ediciones. Bogotá, 2006.
16. *Casildea de Vandalia*. (Obra completa) Apidama Ediciones. Bogotá, 2008.
17. *Nuevo Concierto de Amor a dos voces*. Diálogo poético con Alfredo Ocampo Zamorano. Apidama Ediciones. Bogotá, 2013.
18. Ánfora de Luz. Apidama Ediciones. Bogotá, 2015.
19. *La Poesía de Guiomar Cuesta Escobar. Ensayos sobre su obra*. Apidama Ediciones. Bogotá, dos ediciones, 2016 y 2017.

Premios y Distinciones

♣ 1980 Conferencia: *El Feminismo en el mundo Hispánico*. George Washington University. Washington D.C.
♣ 1981 *Lectura de poemas*. George Washington University. Washington D.C.

♣ 1981 *Lectura de poemas*. Invitan el Embajador Permanente de Colombia ante la Organización de Estados Americanos y el Secretario General de la Organización de Estados Americanos, OEA, Alejandro Orfila. Sala Padilha Vidal. OEA. Washington, D.C.

♣ 1984 Lanzamiento del libro de poemas: *Tiempo del No-Tiempo del Sí*. Oficina de la OEA en Bogotá. Presentación a cargo del ex presidente Alfonso López Michelsen.

♣ 1990 *Primer Premio de Poesía José María Heredia*, en el XV Concurso Internacional de Literatura, Música y Artes visuales. Asociación de Críticos y Comentaristas de Arte, ACCA, 1990, por su obra: *Bosque de Metáforas*. Miami, Florida.

♣ 1990-1995 El Grupo Mujer y Sociedad y el Programa de Estudios de Género de la Universidad Nacional de Colombia, plasmaron en un *Mural* el poema: *Mujer América-América Mujer*, en la Plaza Che Guevara de dicha Universidad, para la Celebración del Día Internacional de la Mujer, estuvo expuesto durante 5 años.

♣ 2000 El Grupo Mujer y Sociedad y el Programa de Estudios de Género de la Universidad Nacional de Colombia, la seleccionó como una de las *Mujeres que escribieron el siglo XX en Colombia. Mujeres Artistas en la Construcción de Feminismo. Guiomar Cuesta: Desmitificación de la Poesía*. Revista *En Otras Palabras*. Bogotá, enero-junio.

♣ 1997 *Primer Premio Oxford de Literatura Colombiana*. Modalidad Poesía, por su libro: *Amantes de la lluvia*. Diploma de conocimientos Académicos en Español y Literatura. Oxford Centre y La Unión Nacional de Escritores de Colombia, Bogotá.

♣ 2001 *VI Premio Internacional de Literatura Latinoamericana y del Caribe, Gabriela Mistral*. Ediciones Côté-femmes, París, y el Grupo Mujer y Sociedad, de la Universidad Nacional de Bogotá. Publicación del libro *Jaramaga*.

♣ 2002 Homenaje en la apertura del XXII Congreso Nacional de Lingüística, Literatura y Semiótica. Decanatura de la Facultad de Humanidades y la Directora de la Escuela de Estudios Literarios de la Universidad del Valle. Cali, Valle del Cauca.

♣ 2006 *Accésit al Premio de Poesía María Fulmen,* por su libro: *Casildea de Vandalia*. Sevilla, España. Publicación del libro: Albergue de tus labios / *Casildea de Vandalia,* por Lola B. Sousa y *Guiomar Cuesta Escobar*. RD Editores. Colección Mujeres del Sur. Sevilla, España.

♣ 2006 Durante todo el mes de enero, se publicaron algunos de sus poemas en español y en italiano, en la página Web: *www.donnemondo.com/poetesse/ CuestaEscobar.htm*. Sección, *Donna arte*, y luego en *Donna poesía*. Preparada y traducida por la poeta peruano-italiana, Gladis Basagoitia.

♣ 2011-2015 Miembro de la Junta Directiva y Secretaria de la Academia de Historia de Bogotá.

♣ 2015 *Presidenta Honoraria del XIII Parlamento Nacional de Escritores*. Cartagena de Indias, agosto 11 al 15.

♣ 2016 *Libro de Oro de la Literatura colombiana*. Entregado por la Asociación de Escritores de la Costa y el XIV Parlamento de Escritores de Cartagena. Modalidad Creación Literaria. Cartagena de Indias.

* 2017 Ganadora de la publicación del artículo: *Las poetas afrocolombianas y la incorporación del ritmo anfíbraco en la poesía castellana.* Guiomar Cuesta Escobar y Alfredo Ocampo Zamorano. Publicación en la *Serie Cuadernos de Humanidades.* Volumen *Innovación en las letras femeninas de Latinoamérica.* Facultad de Humanidades y Ciencias Sociales de la Pontificia Universidad Javeriana, Cali y la Facultad de Humanidades, Slippery Rock. University of Pennsylvania.
* 2018 *Primer Premio Segundo Certamen Internacional de Poesía, Luis Alberto Ambroggio, 2018.* Organizado por Hispanic Heritage Literature Organization, Miami.

Condecoraciones

* Condecorada con la *Orden Pedro Justo Berrío*, por el Director de la Casa de Antioquia. Gobernación de Antioquia, por su valioso aporte al desarrollo de las Letras en Colombia. Bogotá, 2004.
* Condecorada como *Miembro de Honor* con la *Medalla de Oro de la Casa del Poeta Peruano,* por su trayectoria literaria y poética extraordinaria, y por la gran labor con su Antología: *Akray Paikuna, 15 poetas mayores peruanas.* Lima, Perú, 2007.
* Condecorada con la *Medalla del Parnaso al Mérito, eje cafetero.* Pereira, 2008.
* Condecorada con la *Medalla al Mérito Literario del Liceo de Cervantes.* Bogotá, septiembre de 2009.
* Condecorada con la Orden Civil al Mérito, *José Acevedo y Gómez, en el Grado Cruz de Oro.* Concejo de Bogotá. Resolución No. 626, septiembre de 2011.

Antologías en que ha sido publicada

* 1987-2015 *Universos.* Antología anual del *Encuentro de Poetas Colombianas del Museo Rayo.* Ediciones Embalaje. Roldanillo, Valle del Cauca.
* 1988 *Poesía Joven de Autoras Colombianas.* Cámara de Comercio de Bogotá.
* 1988 *¿Quién es quién en la poesía colombiana?* Rogelio Echavarría. Ministerio de Cultura y El Áncora Editores. Bogotá. Pág. 131.
* 1990 *Ils Ont Choisi 30 Poetes.* Embajada de Francia. Oficina Lingüística y Audiovisual. Servicio Cultural. Bogotá-París. Págs: 5-6.
* 1991 *¿Y las Mujeres? Ensayo sobre Literatura Colombiana.* Otraparte. Colección de Ensayo. María Mercedes Jaramillo, Ángela Inés Robledo, Flor Ángela Rodríguez Arenas. Editorial Universidad de Antioquia. Medellín.
* 1992 *Diez poetas colombianas.* Compilador: Jesús Arango Cano. Armenia.
* 1994 *Cinco Puntos Cardinales.* Antología Poética. Atípicos Editores. Bogotá
* 1995 *Literatura y Diferencia. Escritoras colombianas del Siglo XX.* María Mercedes Jaramillo, Betty Osorio y Ángela Inés Robledo. Edición Universidad de los Andes y Universidad de Antioquia. Bogotá.
* 1995 *Diosas en Bronce. Poesía de la Mujer colombiana contemporánea.* Compiladora: Teresa Rozo Moorhouse. Editorial Latidos. Irvine, California.

- 1996 *Poesía caldense actual*. Exposición Lírica, 30 poetas. *Navegante del silencio*. Suplemento Literario del Diario La Patria, No. 7. Manizales.
- 1997 y 2003 *Comarca sin Fronteras I y II. (A Realm without Borders II). Antología bilingüe de poetas Latinoamericanos*. Editorial Gente Nueva. Bogotá.
- 2002 *Verbum poetas colombianas*. Ensayo. Amparo Romero Vásquez. Impresora Feriva. Cali.
- 2004 *Literatura Antioqueña Clásica y Contemporánea*. Gobernación de Antioquia. Medellín.
- 2004 *CD Seis Poetas Colombianos leen su Poesía*. Producción, Luis Rafael Gálvez. Bogotá.
- 2006 *Quijoteando*. Encuentro Iberoamericano: Defensa del Lenguaje como Patrimonio Cultural. Universidad Ricardo Palma. Publicación del texto: *Casildea de Vandalia*. Lima, Perú, diciembre.
- 2009 *CD Seis Mujeres, Antología Poética*. Colección Literaria de la Emisora HJCK. 22ª Feria Internacional del Libro de Bogotá. Poetas: *Amira de la Rosa, Matilde Espinosa, Meira Delmar, Dora Castellano, Maruja Vieira y Guiomar Cuesta*.

Labor como investigadora
de las Mujeres Poetas colombianas

- 1987-1995 Inicia su labor como investigadora de las Mujeres Poetas colombianas, con la localización de las poetas para la Antología: *Diosas en Bronce: Poesía contemporánea de la Mujer colombiana*. Editora y compiladora, Teresa Rozo-Moorhouse. Ediciones Latidos. Colección Poesía. Irvine, California, 1995.
- 1987-2019 Participación ininterrumpida en el *Encuentro de Poetas Colombianas del Museo Rayo*, Roldanillo, Valle del Cauca. Además difundiendo y localizando a las poetas más importantes de Colombia, para que participen y apoyen la importante labor de este Encuentro.
- 2000 De enero a diciembre. Canal 13, Teveandina. Presentadora del Programa de Televisión: *Medio Mundo*. Entrevistas a Mujeres Escritoras. Bogotá, jueves 8:30 p.m.
- 1991-2019 Ha participado en la Feria Internacional del Libro de Bogotá:
  - De 1991 al 2007 Dirigió *La Hora de la Poesía*, para contar con un espacio en el cual presentar a las Mujeres Poetas colombianas e hispanoamericanas.
  - Del 2002 a la fecha. Participa con un Stand de su sello editorial, Apidama Ediciones, publicando libros y Antologías de poetas colombianas, y su lanzamiento se realiza durante la Feria Internacional del Libro de Bogotá.
- 2008, 2010, 2013 y 2014 Publicación de cuatro Antologías en Apidama Ediciones, junto con el poeta Alfredo Ocampo Zamorano que a continuación se reseñan:

Investigadora y compiladora, junto con Alfredo Ocampo Zamorano, de las siguientes Antologías

♣ 2008 *¡Negras Somos! Antología de 21 Mujeres Poetas Afrocolombianas de la Región Pacífica.* Programa Editorial Universidad del Valle, Cali, 2008. Publicada por Apidama Ediciones, 2013.

♣ 2010 *Antología de Mujeres Poetas Afrocolombianas. Biblioteca de Literatura Afrocolombiana. Tomo XVI.* Ministerio de Cultura.

♣ 2013 *Poesía Colombiana del Siglo XX escrita por Mujeres. Poetas nacidas hasta 1949. Tomo 1.* Apidama Ediciones, Bogotá. Esta Antología obtuvo *Mención de Honor en el Premio Montserrat Ordóñez.* Colombian Section of the Latin American Studies Association, LASA. Otorgado en el XXX Congreso de LASA, mayo de 2014. Es hasta el momento, la más completa antología publicada en Colombia, sobre sus Mujeres Poetas. Se ha dividido esta obra en dos Tomos. En el Tomo 1 se analiza la poesía de 84 poetas nacidas entre 1844 y 1949, quienes han publicado 454 poemarios. Se examinan los acontecimientos en Colombia, en cada década, el contexto social, económico, geográfico, político y cultural, en el cual se desenvolvían las poetas, y sus aportes a la literatura de nuestro país. Podrán encontrar no solo la poesía sino la historia de la mujer colombiana, el desarrollo de sus derechos, y su lucha por obtenerlos.

♣ 2014 *Poesía Colombiana del Siglo XX escrita por Mujeres. Tomo 2. Poetas nacidas a partir de 1950.* Apidama Ediciones. Bogotá. Se recompilaron en este volumen 153 poetas colombianas, nacidas entre 1950 y 1989, que a la fecha han publicado 490 poemarios. Una demostración del oficio de poetas que ellas ejercen y han ejercido durante toda su vida. La evolución del nuevo canon poético está siendo impulsado hoy día, y desde hace muchos años, por las Mujeres Poetas. Con estos dos tomos, los compiladores pretenden escribir una nueva Historia de la Literatura colombiana.

♣ Obra en marcha: *Las Milenias, poetas colombianas nacidas de 1980 a 1999.*